5,7

5,23

5,39

Dr. Oetker

Blitz
Aufläufe

Dr. Oetker

Blitz
Aufläufe

Weltbild

Vorwort

Aufläufe: Die Zutaten einschichten oder bunt mischen, im Ofen goldgelb überbacken – fertig.

Die Steigerung der beliebten Ofengerichte sind Blitzaufläufe: Maximal 30 Minuten Küchendienst, den Rest übernimmt der Backofen. Jetzt heißt es nur noch, am liebevoll gedeckten Tisch Platz zu nehmen.

Überraschende Kombinationen aus Roter Bete und Gorgonzola, getoppt mit Walnusskernen oder klassische Zusammenstellungen aus Nudeln und Tomaten, gratiniert mit Mozzarella sind gäste- und familientauglich.

Gegen Langeweile in der Form treten außerdem an: Orientalischer Hackauflauf, Tandoori-Fisch-Auflauf und Kürbis-Chorizo-Auflauf.

In weiteren Begegnungen treffen Kasseler auf Schupfnudeln, Kichererbsen auf Spinat und Kartoffeln auf Lachsforellenfilet.

Gouda und Emmentaler, Ziegen- und Schafkäse sorgen ebenso wie Eiersahne und Käsesauce für die nötige Deckung. Spannend werden die Auflaufspiele durch die abgestimmte Würzung mit Chili, Curry und Harissa.

Also dann ran ans „Ofentor": Zutaten mit Liebe klein schneiden, würzen und in die Auflaufform geben. Jetzt noch Käse oder Sauce darüber und ab in den Ofen.

Aufläufe spielen aber nicht nur in der herzhaften Liga: In der süßen Liga sind Orangen-Mandel-Auflauf und Pfannkuchen-Quark-Auflauf ganz oben mit am Start.

Alle Rezepte wurden wie immer von uns getestet und so beschrieben, dass sie auch von Anfängern problemlos zubereitet werden können.

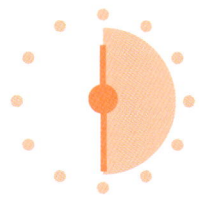

Zubereitungszeit: 30 Minuten
Garzeit: etwa 20 Minuten

4 Portionen • Pro Portion:
E: 32 g, F: 32 g, Kh: 84 g, kJ: 3195, kcal: 764, BE: 7,0

Nudelgratin mit Erbsen, Tomaten und Mozzarella
Preiswert

Zutaten: 4 l Wasser • 4 gestr. TL Salz • 400 g Nudeln, z. B. Spirelli • 250 g Mozzarella-Käse • ½ Bund Schnittlauch • 200 g Schlagsahne • 1 geh. TL Instant-Gemüsebrühen-Pulver • 400 g stückige Tomaten (aus der Dose) • 300 g TK-Erbsen • Salz • frisch gemahlener Pfeffer

1. Wasser in einem großen Topf zugedeckt zum Kochen bringen. Salz und Nudeln zugeben. Die Nudeln im geöffneten Topf bei mittlerer Hitze nach Packungsanleitung knapp bissfest kochen, dabei gelegentlich umrühren. Dann die Nudeln in ein Sieb geben, mit kaltem Wasser abspülen und abtropfen lassen.

2. Mozzarella abtropfen lassen und in kleine Würfel schneiden. Schnittlauch abspülen, trocken tupfen und in Röllchen schneiden.

3. Den Backofen vorheizen.
Ober-/Unterhitze: etwa 200 °C
Heißluft: etwa 180 °C

4. Sahne in einem Topf unter Rühren erwärmen. Gemüsebrühe unter Rühren darin auflösen. Die Nudeln in eine große, flache Auflaufform (gefettet) geben. Stückige Tomaten mit der Sahne verrühren und auf den Nudeln verteilen.

5. Gefrorene Erbsen, zwei Drittel der Mozzarella-Würfel und die Schnittlauchröllchen daraufgeben, gut mit den Nudeln vermengen. Das Ganze mit Salz und Pfeffer würzen. Restlichen Mozzarella darauf verteilen.

6. Die Form auf dem Rost auf mittlerer Einschubleiste in den vorgeheizten Backofen schieben. Das Gratin **etwa 20 Minuten garen.**

Tipp: Wenn das Gratin würziger sein soll, ersetzen Sie den Mozzarella-Käse durch 200 g Berg-Käse.

Statt der Spirelli eignen sich auch Makkaronichips oder Penne.

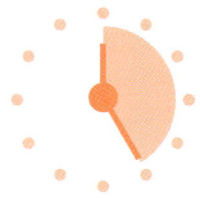

Zubereitungszeit: 25 Minuten
Garzeit: etwa 20 Minuten

4 Portionen • Pro Portion:
E: 17 g, F: 41 g, Kh: 8 g, kJ: 1924, kcal: 460, BE: 0,5

Champignon-Brokkoli-Gratin
Gut vorzubereiten

Zutaten: 750 g Brokkoli • Salzwasser • 250 g braune Champignons •
100 g rote Zwiebeln • 2 EL Olivenöl • Salz • frisch gemahlener Pfeffer •
¼ TL gemahlene Kurkuma (Gelbwurz) • ¼ TL gemahlener Cumin
(Kreuzkümmel)
Für die Sauce: 250 g Schlagsahne • 1 EL Crème fraîche •
2 EL Sesamsamen • 100 g geriebener Emmentaler-Käse

1. Von dem Brokkoli die Blätter entfernen. Strunk abschneiden, schälen
und in Stücke schneiden. Brokkoli in Röschen teilen. Brokkoli abspülen
und abtropfen lassen.

2. Salzwasser zugedeckt in einem Topf zum Kochen bringen. Die
Strunkstücke hinzugeben und zugedeckt etwa 3 Minuten kochen. Dann
die Röschen hinzugeben und zugedeckt etwa 7 Minuten kochen.

3. In der Zwischenzeit den Backofen vorheizen.
Ober-/Unterhitze: etwa 200 °C
Heißluft: etwa 180 °C

4. Champignons putzen, mit Küchenpapier abreiben, evtl. abspülen und
trocken tupfen. Große Champignons halbieren. Zwiebeln abziehen und
in kleine Würfel schneiden. Brokkoli in einem Sieb abtropfen lassen.

5. Das Olivenöl in einer Pfanne erhitzen. Die Zwiebelwürfel darin andünsten. Die Champignons hinzugeben und ebenfalls kurz andünsten.
Brokkoli und Pilze in einer großen, flachen Auflaufform (gefettet) verteilen, mit Salz, Pfeffer, Kurkuma und Cumin würzen.

6. Für die Sauce Sahne mit Crème fraîche verschlagen, einen Esslöffel
vom Sesam und den Käse unterrühren. Die Sauce mit Salz und Pfeffer
würzen, auf dem Gratin verteilen. Restlichen Sesamsamen daraufstreuen.

7. Die Form auf dem Rost auf mittlerer Einschubleiste in den vorgeheizten Backofen schieben. Das Gratin **etwa 20 Minuten garen**.

Zubereitungszeit: 20 Minuten
Garzeit: etwa 10 Minuten

3–4 Portionen • Pro Portion:
E: 18 g, F: 40 g, Kh: 41 g, kJ: 2493, kcal: 599, BE: 3,0

Französischer Winzerauflauf
Mit Alkohol, wenn Sie es möchten

Zutaten: 350 g Frühlingszwiebeln • 1 EL Butter (10 g) • 50 ml trockener Weißwein oder Gemüsebrühe • 75 g Crème fraîche • Salz • frisch gemahlener Pfeffer • etwa 125 g Baguette • 2–3 EL Butter (20–30 g) • 350 g reife Birnen • 250 g Ziegenkäse-Taler • 3–4 Stängel frischer Thymian oder Estragon • ¼ TL Cayennepfeffer • 1–2 TL flüssiger Honig • 2–3 EL gehackte Haselnusskerne

1. Frühlingszwiebeln putzen, abspülen, abtropfen lassen und schräg in 2–3 cm breite Stücke schneiden. Butter in einer Pfanne zerlassen. Die Frühlingszwiebelstücke darin etwa 2 Minuten unter Wenden andünsten.

2. Wein oder Gemüsebrühe hinzugeben, zum Kochen bringen und bei starker Hitze verdampfen lassen. Crème fraîche unterrühren, mit Salz und Pfeffer würzen. Frühlingszwiebelstücke in 3–4 Portions-Gratin-Förmchen (gefettet) oder eine große Gratinform (gefettet) geben.

3. Den Backofen vorheizen.
Ober-/Unterhitze: etwa 180 °C
Heißluft: etwa 160 °C

Tipps: Statt Frühlingszwiebeln können Sie die gleiche Menge Porree (Lauch) verwenden. Der Auflauf ist dann etwas kräftiger im Geschmack.

Die frischen Kräuter können durch getrocknete, gerebelte ersetzt werden. Dann die Menge der Kräuter reduzieren, da getrocknete Kräuter intensiver schmecken.

Statt frischer Birnen können auch abgetropfte Birnenhälften (aus dem Glas) verwendet werden.

4. Baguette in 2–3 cm dicke Scheiben schneiden, mit Butter bestreichen. Die Baguettescheiben mit der bestrichenen Seite nach oben auf den Frühlingszwiebelstücken verteilen.

5. Birnen schälen, halbieren, entkernen und in feine Spalten schneiden. Birnenspalten fächerartig auf den Baguettescheiben verteilen. Käsetaler waagerecht halbieren und auf die Birnenspalten legen.

6. Kräuter abspülen und trocken tupfen. Die Blättchen von den Stängeln zupfen. Kräuterblättchen und etwas Cayennepfeffer auf den Auflauf streuen. Honig daraufträufeln. Haselnusskerne darauf verteilen.

7. Die Form auf dem Rost auf mittlerer Einschubleiste in den vorgeheizten Backofen schieben. Den Auflauf **etwa 10 Minuten garen.**

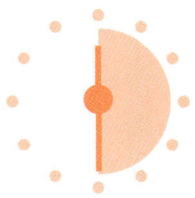

Zubereitungszeit: 30 Minuten
Garzeit: 20–25 Minuten

4 Portionen • Pro Portion:
E: 22 g, F: 33 g, Kh: 41 g, kJ: 2318, kcal: 554, BE: 3,0

Griechischer Gemüseauflauf
Mediterrane Mischung

Zutaten: 2 l Wasser • 2 gestr. TL Salz • 125 g reisförmige Nudeln (z. B. griechische Nudeln) • 60 g getrocknete Tomaten, in Öl eingelegt • 200 g Tomaten • 440 g abgetropfte, grüne Bohnen (aus der Dose) • 250 g abgetropfte, weiße Riesenbohnenkerne (aus der Dose) • 80 g schwarze Oliven mit Stein • 1–2 Knoblauchzehen • 1 Ei (Größe M) • 150 g Crème fraîche • frisch gemahlener Pfeffer • 2 EL gehackte Petersilie • 150–200 g Fetakäse • 1 TL gerebelter Rosmarin

1. Wasser in einem Topf zugedeckt zum Kochen bringen. Salz und Nudeln hinzugeben. Die Nudeln im geöffneten Topf bei mittlerer Hitze nach Packungsanleitung etwa 7 Minuten vorkochen, dabei gelegentlich umrühren. Dann die Nudeln in ein Sieb geben, mit kaltem Wasser abspülen und abtropfen lassen.

2. In der Zwischenzeit den Backofen vorheizen.
Ober-/Unterhitze: etwa 220 °C
Heißluft: etwa 200 °C

3. Getrocknete Tomaten abtropfen lassen und in feine Streifen schneiden. Frische Tomaten abspülen, abtrocknen, halbieren und die Stängelansätze herausschneiden. Tomaten in Scheiben schneiden. Grüne Bohnen, weiße Bohnen, getrocknete Tomaten, Tomatenscheiben, Nudeln und Oliven in einer großen, flachen Auflaufform (gefettet) verteilen und vorsichtig vermischen.

Tipps: Oliven mit Stein schmecken meist aromatischer als entsteinte Oliven. Sie können durch entsteinte Oliven ersetzt werden.

Das Auge isst mit: Servieren Sie den Gemüseauflauf mit abgezupften Rosmarinnadeln von frischen Rosmarinzweigen.

4. Knoblauch abziehen und durch eine Knoblauchpresse drücken. Ei mit Crème fraîche und Knoblauch verrühren, mit Salz, Pfeffer und Petersilie würzen. Die Masse gleichmäßig auf dem Gemüse verteilen. Käse evtl. abtropfen lassen. Käse fein zerbröckeln, mit Rosmarin vermischen und auf dem Auflauf verteilen.

5. Die Form auf dem Rost auf mittlerer Einschubleiste in den vorgeheizten Backofen schieben. Den Auflauf **20–25 Minuten garen.**

Zubereitungszeit: 25 Minuten
Garzeit: 25–30 Minuten

4 Portionen • Pro Portion:
E: 24 g, F: 15 g, Kh: 26 g, kJ: 1447, kcal: 345, BE: 1,5

Reis-Quark-Auflauf mit Gemüse
Für Kinder – leichter Genuss

Zutaten: 1 Knoblauchzehe • 1 Zwiebel • 1 EL Olivenöl • 175 g Instant-Rundkornreis (Kurzkochreis) • 500 ml (½ l) Gemüsebrühe • 1 Zucchini (etwa 350 g) • 150 g Cocktailtomaten • 1 Bund Frühlingszwiebeln • 1 EL Olivenöl • 3 Eiweiß (Größe M) • Salz • 3 Eigelb (Größe M) • 250 g Magerquark • frisch gemahlener Pfeffer • 100 g TK-Erbsen • 75 g geriebener, fettreduzierter Gouda-Käse (15 % Fett)

1. Knoblauch und Zwiebel abziehen, fein würfeln. Öl in einem Topf erhitzen. Knoblauch und Zwiebel darin glasig dünsten. Erst Reis, dann die Brühe dazugeben. Reis bei schwacher Hitze zugedeckt nach Packungsanleitung garen lassen. Reis etwas abkühlen lassen.

2. In der Zwischenzeit Zucchini abspülen, abtrocknen, die Enden abschneiden. Zucchini in Scheiben schneiden. Cocktailtomaten abspülen, abtrocknen und halbieren. Evtl. die Stängelansätze herausschneiden.

3. Den Backofen vorheizen.
Ober-/Unterhitze: etwa 180 °C
Heißluft: etwa 160 °C

4. Frühlingszwiebeln putzen, abspülen, abtropfen lassen und in feine Ringe schneiden. Öl in einer Pfanne erhitzen. Die Frühlingszwiebeln darin unter gelegentlichem Rühren kurz anbraten und herausnehmen.

5. Eiweiß mit 1 Prise Salz sehr steif schlagen. Eigelb mit Quark, Salz, Pfeffer und Reis verrühren. Eischnee unterheben. Zucchini, Tomaten und Frühlingszwiebeln mit den unaufgetauten Erbsen vorsichtig mit der Quarkmasse mischen und in eine große, flache Auflaufform (gefettet) geben. Käse daraufstreuen.

6. Die Form auf dem Rost im unteren Drittel in den vorgeheizten Backofen schieben. Den Quarkauflauf **25–30 Minuten garen** (bis die Eimasse gestockt ist).

Tipps: Sie können diesen Auflauf z. B. auch mit 200 g Quinoa zubereiten. Dann bitte die auf der Packung angegebene Flüssigkeitsmenge beachten. Quinoa hat einen reisähnlichen, leicht getreidigen Geschmack.

Haben Sie 4 Portionsauflaufförmchen? Dann bereiten Sie den Auflauf doch darin zu. So bekommt jeder seinen eigenen Auflauf.

Zubereitungszeit: 30 Minuten
Garzeit: 20–30 Minuten

4 Portionen • Pro Portion:
E: 21 g, F: 33 g, Kh: 10 g, kJ: 1793, kcal: 428, BE: 0,5

Herbstliches Gemüsegratin
Immer ein Genuss - Titelrezept

Zutaten: etwa 1 ½ kg gemischtes Gemüse, z. B. Brokkoli, Blumenkohl, Porree, Rosenkohl, Hokkaido-Kürbis • 1 l Wasser • 1 TL Salz • 1 Knoblauchzehe • 200 g Schlagsahne • 2 Eier (Größe M) • Salz • frisch gemahlener Pfeffer • geriebene Muskatnuss • 100 g geriebener Emmentaler-Käse • 50 g geriebener Parmesan-Käse

1. Den Backofen vorheizen.
Ober-/Unterhitze: etwa 180 °C
Heißluft: etwa 160 °C

2. Brokkoli und Blumenkohl putzen und in kleine Röschen teilen. Porree putzen, waschen und in dünne Scheiben schneiden. Rosenkohl von den äußeren Blättchen befreien, den Strunk abschneiden. Rosenkohl unten kreuzweise einschneiden. Kürbis putzen, in dünne Spalten schneiden.

3. Wasser in einem Topf zum Kochen bringen. Salz hinzugeben. Das Gemüse darin evtl. in 2 Portionen 2–3 Minuten kochen, dann in einem Küchensieb abtropfen lassen. Das Gemüse in eine große, flache Auflaufform (gefettet) schichten.

4. Knoblauch abziehen, durch eine Knoblauchpresse drücken oder fein hacken.

5. Sahne mit Eiern verschlagen. Knoblauch unterrühren, mit Salz, Pfeffer und Muskatnuss abschmecken. Die Eiersahne über das Gemüse gießen. Emmentaler- und Parmesan-Käse daraufstreuen.

6. Die Form auf dem Rost auf mittlerer Einschubleiste in den vorgeheizten Backofen schieben. Das Gratin **20–30 Minuten garen.**

Zubereitungszeit: 20 Minuten
Garzeit: etwa 18 Minuten

4 Portionen • Pro Portion:
E: 11 g, F: 34 g, Kh: 25 g, kJ: 1870, kcal: 450, BE: 2,0

Rote Bete mit Kartoffelpüree-Walnuss-Haube
Raffiniert mit Salbei

Zutaten: 1 kleines Bund frischer Salbei • 4 EL Butter (etwa 40 g) • 500 g Rote Bete (gegart, vakuumverpackt) • frisch gemahlener Pfeffer • etwas Salz • 50–75 g milder Gorgonzola-Käse • 75 g Schlagsahne • 1 Beutel Kartoffelpüreepulver (für 3 Portionen) • 125 ml (⅛ l) Milch • 375 ml (⅜ l) Wasser • 75 g Walnusskernhälften

1. Den Backofen vorheizen.
Ober-/Unterhitze: etwa 220 °C
Heißluft: etwa 200 °C

2. Salbei abspülen und trocken tupfen. Die Blättchen von den Stängeln zupfen. Butter in einer Pfanne zerlassen. Die Salbeiblättchen darin bei mittlerer Hitze anbraten. Die Pfanne beiseitestellen.

3. Rote Bete abtropfen lassen, in Viertel oder Achtel schneiden und in einer großen, flachen Auflaufform (gefettet) verteilen. Rote Bete mit Pfeffer und etwas Salz würzen. Einige angebratene Salbeiblättchen darauf verteilen. Käse fein zerbröckeln und daraufstreuen. Sahne hinzugießen.

4. Die Form auf dem Rost auf mittlerer Einschubleiste in den vorgeheizten Backofen schieben. Das Ganze **etwa 8 Minuten vorgaren.**

5. In der Zwischenzeit das Kartoffelpüreepulver nach Packungsanleitung mit Milch und Wasser zubereiten. Die Hälfte der Salbei-Blätter-Butter unter das Püree rühren, mit Salz und Pfeffer abschmecken.

6. Die Form auf einen Kuchenrost stellen. Kartoffelpüree in Klecksen auf den vorgegarten Rote-Bete-Stücken verteilen. Walnusskerne grob hacken, daraufstreuen. Restliche Salbei-Blätter-Butter darauf verteilen.

7. Die Form wieder in den Backofen schieben. Den Auflauf bei gleicher Backofeneinstellung **weitere etwa 10 Minuten garen.**

Tipp: Noch etwas schneller zubereitet und ebenso lecker ist dieser Auflauf, wenn Sie die Zutaten ohne gebratene Salbeiblättchen einschichten. Stattdessen evtl. einfach etwa 1 Teelöffel gerebelten Rosmarin verwenden, er muss nicht angebraten werden. Den gerebelten Rosmarin einfach mit der weichen Butter verrühren, zur Hälfte unter das Püree rühren und den Rest vor dem Garen auf dem Auflauf verteilen.

Zubereitungszeit: 30 Minuten
Garzeit: etwa 30 Minuten

4 Portionen • Pro Portion:
E: 15 g, F: 11 g, Kh: 46 g, kJ: 1459, kcal: 349, BE: 3,5

Lasagne mit Erbsen und Zucchini
Schmeckt Kindern gut

Zutaten: 1 mittelgroße Zucchini (400 g) • 2 Zwiebeln (etwa 100 g) • 1 EL Olivenöl • 500 g passierte Tomaten • Salz • 1–2 TL Pizzagewürz • 150 g TK-Erbsen • 100 ml Gemüsebrühe • frisch geriebene Muskatnuss • frisch gemahlener Pfeffer • 100 g Crème légère • 12 Lasagneplatten (ohne Vorkochen) • 4 EL geraspelter Mozzarella-Käse (etwa 60 g)

1. Den Backofen vorheizen.
Ober-/Unterhitze: etwa 200 °C
Heißluft: etwa 180 °C

2. Die Zucchini abspülen, abtrocknen und die Enden abschneiden. Zucchini in dünne Scheiben schneiden. Zwiebeln abziehen und fein würfeln. Öl in einer Pfanne erhitzen. Zucchinischeiben und Zwiebelwürfel hinzugeben und unter Rühren anbraten.

3. Dann die passierten Tomaten unterrühren. Das Ganze mit Salz und Pizzagewürz abschmecken und etwa 2 Minuten einkochen.

4. Erbsen und Gemüsebrühe in einem Topf aufkochen, mit Muskat und Pfeffer kräftig würzen. Crème légère zufügen, umrühren und noch einmal aufkochen.

5. Eine Auflaufform (mindestens 30 x 20 cm, gefettet) mit einer Schicht Lasagneplatten auslegen. Die Hälfte der Tomaten-Zucchini-Sauce einfüllen, mit Lasagneplatten bedecken. Die Erbsen-Sahne-Sauce einfüllen und wieder mit Lasagneplatten bedecken.

6. Den Rest der Tomaten-Zucchini-Sauce darauf verteilen und mit geraspeltem Mozzarella bestreuen.

7. Die Form auf dem Rost auf mittlerer Einschubleiste in den vorgeheizten Backofen schieben. Lasagne **etwa 30 Minuten garen.**

Zubereitungszeit: 25 Minuten
Garzeit: etwa 25 Minuten

4 Portionen • Pro Portion:
E: 24 g, F: 21 g, Kh: 56 g, kJ: 2146, kcal: 512, BE: 4,5

Penneauflauf mit Brokkoli und Tomaten
Bei Kindern beliebt

Zutaten: 2 ½ l Wasser • 2 ½ gestr. TL Salz • 250 g Nudeln, z. B. Penne •
500 g Brokkoli • Salzwasser • 25 g Butter • 2 EL TK-Zwiebelwürfel •
25 g Weizenmehl • 375 ml (⅜ l) Milch • 125 g geriebener Emmentaler-
Käse • Kräutersalz • frisch gemahlener Pfeffer • 150 g Cocktailtomaten

1. Wasser in einem großen Topf zugedeckt zum Kochen bringen.
Dann Salz und Nudeln hinzugeben. Die Nudeln im geöffneten Topf bei
mittlerer Hitze nach Packungsanleitung knapp bissfest kochen, dabei
gelegentlich umrühren.

2. In der Zwischenzeit vom Brokkoli die Blätter entfernen. Brokkoli in
Röschen teilen. Salzwasser in einem Topf zum Kochen bringen. Brokkoliröschen abspülen, abtropfen lassen und in den Topf geben. Brokkoli
zugedeckt etwa 4 Minuten kochen. Dann Nudeln und Brokkoli in ein
Sieb geben, mit kaltem Wasser abspülen und abtropfen lassen.

3. Den Backofen vorheizen.
Ober-/Unterhitze: etwa 200 °C
Heißluft: etwa 180 °C

4. Butter in einem Topf zerlassen. Zwiebelwürfel darin andünsten. Mehl
hinzufügen und unter Rühren so lange erhitzen, bis es hellgelb ist. Milch
unter Rühren hinzugießen, mit einem Schneebesen durchschlagen.
Dabei darauf achten, dass keine Klümpchen entstehen. Die Sauce unter
gelegentlichem Rühren etwa 2 Minuten köcheln lassen.

5. Den Topf von der Kochstelle nehmen. Etwa zwei Drittel vom Käse unter die Sauce rühren, mit Kräutersalz und Pfeffer würzen. Tomaten abspülen, abtrocknen und halbieren, die Stängelansätze herausschneiden.
Nudeln mit Brokkoliröschen und Tomatenhälften in eine große, flache
Auflaufform (gefettet) geben. Sauce und restlichen Käse darauf verteilen.

6. Die Form auf dem Rost auf mittlerer Einschubleiste in den vorgeheizten Backofen schieben. Den Auflauf **etwa 25 Minuten garen**.

Tipp: Noch schneller ist der
Auflauf zubereitet, wenn Sie die
Brokkoliröschen zusammen mit
den Nudeln kochen. Dazu die
Brokkoliröschen etwa die letzten
4 Minuten mit zu den Nudeln in
den Topf geben und mitgaren.

Zubereitungszeit: 20 Minuten
Garzeit: etwa 30 Minuten

4 Portionen • Pro Portion:
E: 20 g, F: 27 g, Kh: 31 g, kJ: 1907, kcal: 457, BE: 2,5

Artischockenauflauf à la Provence
Zum Vorbereiten

Zutaten: 600 g gegarte Pellkartoffeln • 240 g abgetropfte Artischockenherzen (5–7 Stück, aus der Dose) • 60 g getrocknete Tomaten, in Öl eingelegt • 200 g abgetropfte, rote Paprikahälften (aus dem Glas) • 75 g schwarze Oliven mit Stein • 2 EL TK-Knoblauch-Zwiebel-Mischung
Für den Guss: 3 Eier (Größe M) • 150 g saure Sahne • Salz • frisch gemahlener Pfeffer • ½ TL getrocknete Kräuter der Provence • 175 g Ziegenfrischkäse-Rolle

1. Den Backofen vorheizen.
Ober-/Unterhitze: etwa 200 °C
Heißluft: etwa 180 °C

2. Pellkartoffeln pellen und in Scheiben schneiden. Artischocken halbieren. Tomaten abtropfen lassen und in feine Streifen schneiden. Paprikahälften in Stücke schneiden.

3. Pellkartoffelscheiben, Artischockenhälften, Tomatenstreifen und Paprikastücke in eine Auflaufform (gefettet) schichten. Oliven und Knoblauch-Zwiebel-Mischung gleichmäßig darauf verteilen.

4. Für den Guss Eier mit saurer Sahne verrühren, mit Salz, Pfeffer und Kräutern der Provence würzen. Die Eiersahne auf der Kartoffel-Gemüse-Mischung verteilen.

5. Die Frischkäserolle in etwa 1 cm dicke Scheiben schneiden. Die Käsescheiben ebenfalls auf dem Auflauf verteilen.

6. Die Form auf dem Rost auf mittlerer Einschubleiste in den vorgeheizten Backofen schieben. Den Artischockenauflauf **etwa 30 Minuten garen.**

Tipps: Dieser Auflauf ist auch ideal, wenn Sie Reste von gegarten Nudeln (etwa 500 g) übrig haben, denn der Auflauf schmeckt auch mit Nudeln sehr gut. Wenn Sie lieber eine knusprige Käsekruste möchten, dann den Auflauf statt mit Ziegenkäsescheiben mit etwa 125 g geriebenem Käse, z.B. Gouda, überbacken.

Die Pellkartoffeln können Sie gut bereits am Vortag kochen, erkalten lassen und zugedeckt kalt stellen.

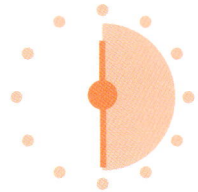

Zubereitungszeit: 30 Minuten
Garzeit: etwa 20 Minuten

4 Portionen • Pro Portion:
E: 32 g, F: 23 g, Kh: 10 g, kJ: 1579, kcal: 376, BE: 0,5

Fischauflauf „Mittelmeer"
Weckt Urlaubserinnerungen

Zutaten: 1 Gemüsezwiebel • 500 g Auberginen • 500 g Zucchini • 4 EL Olivenöl • 4 Tomaten • Salz • frisch gemahlener Pfeffer • 600 g Lachsforellen- oder Seelachsfilet • 2 EL Zitronensaft • geschrotete, rosa Pfefferbeeren • ½ TL gerebelter Oregano • ½ TL gerebeltes Basilikum • 40 g Butter

1. Die Gemüsezwiebel abziehen, vierteln und in Streifen schneiden. Auberginen und Zucchini abspülen, abtrocknen und die Enden abschneiden. Auberginen und Zucchini längs halbieren und in halbe Scheiben schneiden.

2. Den Backofen vorheizen.
Ober-/Unterhitze: etwa 200 °C
Heißluft: etwa 180 °C

3. Olivenöl in einer großen Pfanne erhitzen. Zwiebelstreifen, Auberginen- und Zucchinischeiben darin andünsten. Evtl. 2 Esslöffel Wasser hinzugeben. Das gedünstete Gemüse in eine große, flache Auflaufform (gefettet) geben.

4. Tomaten kreuzweise einschneiden und mit kochendem Wasser begießen. Nach 1–2 Minuten herausnehmen und mit kaltem Wasser abschrecken. Anschließend enthäuten, halbieren und die Stängelansätze herausschneiden. Tomaten in Scheiben schneiden. Tomatenscheiben auf dem Gemüse verteilen, mit Salz und Pfeffer bestreuen.

5. Lachsforellen- oder Seelachsfilet unter fließendem kalten Wasser abspülen, trocken tupfen und evtl. in Portionsstücke schneiden. Filetstücke mit Zitronensaft beträufeln und mit Salz bestreuen.

Tipp: Den Auflauf zum Servieren mit einigen abgespülten und trocken getupften Basilikumblättchen bestreuen.

6. Fischfilet auf das Gemüse legen, mit Pfefferbeeren, Oregano und Basilikum bestreuen. Butter in Flöckchen daraufsetzen. Die Form auf dem Rost auf mittlerer Einschubleiste in den vorgeheizten Backofen schieben. Den Auflauf **etwa 20 Minuten garen.**

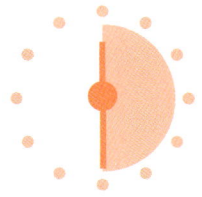

Zubereitungszeit: 30 Minuten
Garzeit: etwa 20 Minuten

4 Portionen • Pro Portion:
E: 35 g, F: 25 g, Kh: 51 g, kJ: 2393, kcal: 572, BE: 4,0

Bunter Lachsauflauf
Feines für Gäste

Zutaten: 250 g Möhren • 200 g Champignons • 1 TL Butter •
200 g Schnellkoch-Vollkornreis (Garzeit 10 Minuten) • 400 ml Gemüsebrühe • 500 g Lachsfilet ohne Haut • Salz • frisch gemahlener Pfeffer •
150 g TK-Erbsen • 1 EL Butter (10 g) • 1 EL TK-Zwiebelwürfel •
1 TL Currypulver • 1 leicht geh. TL Weizenmehl • 200 ml Milch •
50 g Schlagsahne • 1 EL gehackte TK-Petersilie • 2 leicht geh. TL Kokosraspel • 2 leicht geh. TL Semmelbrösel • 1 ½ EL weiche Butter (15 g)

1. Möhren putzen, schälen, abspülen, abtropfen lassen und in Stifte
schneiden. Champignons putzen, mit Küchenpapier abreiben, evtl.
abspülen, gut abtropfen lassen und halbieren. Butter in einem Topf zerlassen. Die Möhrenstifte und Champignonhälften darin andünsten.

2. Reis hinzugeben. Brühe hinzugießen, unterrühren und zum Kochen
bringen. Das Ganze zugedeckt bei schwacher Hitze etwa 10 Minuten
garen, dabei gelegentlich umrühren.

3. Den Backofen vorheizen.
Ober-/Unterhitze: etwa 200 °C
Heißluft: etwa 180 °C

4. Lachs abspülen, trocken tupfen, mit Salz und Pfeffer würzen und in
eine große, flache Auflaufform (gefettet) legen. Die gefrorenen Erbsen
unter den Reis mischen. Reismischung um den Lachs verteilen.

5. Butter in einem Topf zerlassen. Zwiebelwürfel darin glasig dünsten.
Curry und Mehl darüberstäuben, kurz andünsten. Milch und Sahne
unterrühren, kurz aufkochen. Sauce mit Salz und Pfeffer abschmecken,
Petersilie unterrühren. Sauce auf Lachs und Reismischung verteilen.

6. Kokosraspel mit Semmelbröseln und Butter verkneten, in Flöckchen
auf dem Lachs verteilen. Die Form auf dem Rost auf mittlerer Einschubleiste in den vorgeheizten Backofen schieben. Den Auflauf **etwa
20 Minuten garen.**

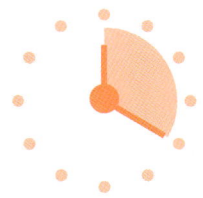

Zubereitungszeit: 20 Minuten
Garzeit: etwa 20 Minuten

4 Portionen • Pro Portion:
E: 24 g, F: 32 g, Kh: 32 g, kJ: 2143, kcal: 514, BE: 2,0

Brotauflauf mit geräuchertem Forellenfilet
Einfach zuzubereiten

Zutaten: 4–6 Scheiben Mischbrot (etwa 200 g) • 3–4 EL weiche Butter (30–40 g) • 500 g Zwiebeln • 2 EL Speiseöl, z. B. Sonnenblumenöl • Salz • frisch gemahlener Pfeffer • 150 g Crème fraîche • 2 Eier (Größe M) • 1–2 TL Meerrettich (aus dem Glas) • 1–2 EL TK-Dill • 250 g Tomaten • etwa 250 g Forellenfilets ohne Haut

1. Den Backofen vorheizen.
Ober-/Unterhitze: etwa 220 °C
Heißluft: etwa 200 °C

2. Brotscheiben jeweils auf einer Seite dünn mit Butter bestreichen und evtl. nacheinander in einer Pfanne unter Wenden knusprig anrösten.

3. Zwiebeln abziehen und in Ringe schneiden. Speiseöl und restliche Butter in der Pfanne erhitzen. Zwiebelringe darin unter Wenden braun braten, mit Salz und Pfeffer würzen.

4. Crème fraîche mit Eiern verrühren, Meerrettich und Dill unterrühren, mit Salz und Pfeffer würzen. Tomaten abspülen, trocken tupfen, halbieren und die Stängelansätze herausschneiden. Tomaten in Scheiben schneiden.

5. Evtl. noch vorhandene Gräten aus den Forellenfilets entfernen.

6. Die Hälfte der Zwiebeln mit Tomatenscheiben, Forellenfilets und Brotscheiben dachziegelartig in eine große, flache Auflaufform (gefettet) schichten. Restliche Zwiebelringe darauf verteilen. Die Crème-fraîche-Eier-Masse ebenfalls darauf verteilen.

7. Die Form auf dem Rost auf mittlerer Einschubleiste in den vorgeheizten Backofen schieben. Den Auflauf **etwa 20 Minuten garen.**

Tipp: Der Brotauflauf schmeckt auch mit geräuchertem Lachs oder Stremel-Lachs. Dann die Crème fraîche durch saure Sahne ersetzen.

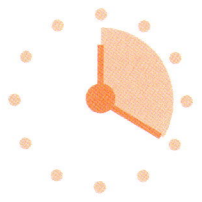

Zubereitungszeit: 20 Minuten
Garzeit: 20–30 Minuten

4 Portionen • Pro Portion:
E: 32 g, F: 14 g, Kh: 16 g, kJ: 1362, kcal: 326, BE: 1,0

Tandoori-Fisch-Auflauf
Exotisch

Zutaten: 600 g Fischfilet, z. B. Seelachs, Pangasius • 3–4 EL Tandoori-Paste (indische Gewürzpaste) • 150 g Joghurt • 500 g Porree (Lauch) • 200 g abgetropfte, geröstete, rote Paprikahälften (aus dem Glas) • 1 Mango (etwa 300 g) • 1 Prise Chiliflocken • 1 EL Speiseöl, z. B. Rapsöl • Salz • frisch gemahlener Pfeffer • einige Stängel Koriander oder glatte Petersilie • 150 g saure Sahne • 1 Ei (Größe M)

1. Fischfilet kurz unter fließendem kalten Wasser abspülen, trocken tupfen und in mundgerechte Stücke schneiden. Tandoori-Paste mit 2–3 Esslöffeln vom Joghurt verrühren. Die Fischstücke mit der Mischung einstreichen und zugedeckt in den Kühlschrank stellen.

2. Den Backofen vorheizen.
Ober-/Unterhitze: etwa 200 °C
Heißluft: etwa 180 °C

3. Porree putzen. Die Stangen längs einschneiden, gründlich waschen und abtropfen lassen. Porree und Paprikahälften in kleine Stücke schneiden. Mango halbieren und das Fruchtfleisch vom Stein schneiden. Mango schälen, würfeln und mit Chili mischen.

4. Speiseöl in einer Pfanne erhitzen. Porreestücke hinzugeben und unter Rühren kurz andünsten, mit Salz und Pfeffer würzen. Porree- und Paprikastücke, Mangowürfel und die bestrichenen Fischstücke in eine große, flache Auflaufform (gefettet) schichten.

5. Koriander oder Petersilie abspülen, trocken tupfen und die Blättchen von den Stängeln zupfen. Blättchen grob hacken. Restlichen Joghurt mit saurer Sahne und Ei verschlagen, mit Salz und Pfeffer würzen. Kräuterblättchen unterrühren. Die Joghurtmischung gleichmäßig auf dem Auflauf verteilen.

6. Die Form auf dem Rost auf mittlerer Einschubleiste in den vorgeheizten Backofen schieben. Den Auflauf **20–30 Minuten garen.**

Tipp: Servieren Sie dazu z. B. Naan, das indische Fladenbrot.

Statt mit Tandoori-Paste können Sie den Joghurt auch mit Currypulver, Chiliflocken, Salz und Pfeffer würzig abschmecken.

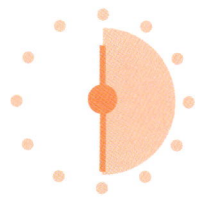

Zubereitungszeit: 30 Minuten
Garzeit: etwa 25 Minuten

4 Portionen • Pro Portion:
E: 35 g, F: 30 g, Kh: 29 g, kJ: 2236, kcal: 535, BE: 2,5

Kartoffelauflauf auf skandinavische Art
Etwas teurer

Zutaten: 300 g Zucchini • 1 EL Butter (10 g) • 2 EL TK-Zwiebel-Mischung • Salz • frisch gemahlener Pfeffer • 600 g festkochende Kartoffeln • 75 ml Gemüsebrühe • 150 g Schlagsahne • 150 g Höhlenkäse • 3–4 TL Meerrettich (aus dem Glas) • 2 EL gehackter TK-Dill • 200 g TK-Erbsen • 350 g Tiefseegarnelen (gegart und geschält)

Tipps: Sehr lecker schmeckt der Auflauf auch mit frischem Lachsfilet zubereitet. Dazu das Lachsfilet kurz unter fließendem kalten Wasser abspülen, trocken tupfen und in etwa 2 cm große Würfel schneiden.

In der Sommersaison, wenn frische Schmorgurken im Angebot sind, können Sie die Zucchini auch durch Schmorgurken austauschen. Dafür dann etwa 600 g Schmorgurken schälen und die Enden abschneiden. Die Schmorgurken halbieren und entkernen. Dann wie im Rezept beschrieben weiter zubereiten.

Wenn Ihnen der Höhlenkäse zu kräftig im Geschmack ist, dann durch Gouda-Käse ersetzen.

Den Auflauf mit frischen Dillspitzen garniert servieren.

1. Zucchini putzen, abspülen, abtrocknen und die Enden abschneiden. Zucchini längs halbieren und in etwa ½ cm dicke Scheiben schneiden. Butter in einem Topf zerlassen. Die TK-Zwiebel-Mischung hinzufügen und kurz andünsten. Zucchinischeiben hinzugeben und unter Wenden etwa 2 Minuten mit andünsten, mit Salz und Pfeffer würzen.

2. Das Gemüse mit einem Schaumlöffel aus der Pfanne nehmen und in eine große, flache Auflaufform (gefettet) geben. Die Pfanne mit dem Bratfett beiseitestellen.

3. Den Backofen vorheizen.
Ober-/Unterhitze: etwa 200 °C
Heißluft: etwa 180 °C

4. Kartoffeln schälen, abspülen, abtropfen lassen und in etwa ½ cm dicke Scheiben schneiden. Brühe und Sahne zum verbliebenen Bratfett in die Pfanne gießen und verrühren. Sahnebrühe zum Kochen bringen. Die Kartoffelscheiben darin etwa 6 Minuten vorgaren. In der Zwischenzeit den Käse raspeln.

5. Kartoffelscheiben mit Salz, Pfeffer und Meerrettich abschmecken. TK-Dill unterrühren. Das Ganze in die Auflaufform geben. TK-Erbsen und Garnelen hinzufügen. Die Zutaten in der Auflaufform gut vermischen. Geraspelten Käse darauf verteilen.

6. Die Form auf dem Rost auf mittlerer Einschubleiste in den vorgeheizten Backofen schieben. Den Auflauf **etwa 25 Minuten garen.**

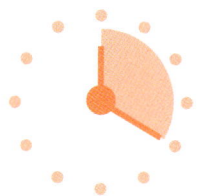

Zubereitungszeit: 20 Minuten
Garzeit: etwa 20 Minuten

4 Portionen • Pro Portion:
E: 34 g, F: 30 g, Kh: 28 g, kJ: 2182, kcal: 521, BE: 2,5

Sellerie-Kartoffel-Auflauf mit Lachsforellenfilet
Für Gäste

Zutaten: 600 g festkochende Kartoffeln • 1 EL Butter (10 g) •
1 Zwiebel • Salz • frisch gemahlener Pfeffer • ½ TL Instant-Gemüsebrühen-Pulver • 200 g Schlagsahne • 100 ml heißes Wasser •
1–2 TL körniger Senf • 500 g Knollensellerie • 2 EL Zitronensaft •
500 g Lachsforellenfilet ohne Haut • 60 g Frühstücksspeck in feinen
Scheiben (Bacon) • 2 EL Semmelbrösel • 1 ½ EL Butter (15 g)

1. Kartoffeln schälen, abspülen, abtropfen lassen und in etwa ½ cm
dicke Scheiben schneiden. Butter einem weiten Topf zerlassen. Zwiebel
abziehen, fein würfeln und darin andünsten.

2. Kartoffelscheiben hinzufügen, andünsten, mit Salz, Pfeffer und
Instant-Gemüsebrühe würzen. Sahne mit Wasser verrühren, hinzugießen und das Ganze zugedeckt aufkochen. Senf unterrühren.

3. Sellerie putzen, schälen, abspülen, abtropfen lassen und zuerst in
etwa ½ cm dicke Scheiben, dann in Stücke schneiden. Diese unter die
Kartoffelscheiben mischen. Die Mischung zugedeckt weitere etwa
7 Minuten garen, mit Salz, Pfeffer und Zitronensaft würzen.

4. In der Zwischenzeit den Backofen vorheizen.
Ober-/Unterhitze: etwa 200 °C
Heißluft: etwa 180 °C

5. Lachsforellenfilet unter fließendem kalten Wasser abspülen und
trocken tupfen. Die Sellerie-Kartoffel-Mischung in einer großen, flachen
Auflaufform (gefettet) verteilen. Filet daraufgeben. Frühstücksspeck in
feine Streifen schneiden, mit den Semmelbröseln mischen und auf den
Forellenfilets verteilen. Butter in Flöckchen daraufsetzen.

6. Die Form auf dem Rost auf mittlerer Einschubleiste in den vorgeheizten Backofen schieben. Den Auflauf **etwa 20 Minuten garen.**

Tipps: Servieren Sie den Auflauf
mit frischem Dill garniert.

Statt Lachsforellenfilet eignet sich
hier auch anderes festes Fischfilet
z. B. Seelachsfilet oder Tilapia.
Wenn Ihre Familie lieber Fleisch
isst, dann verwenden Sie statt
Lachsforelle z. B. Putenbrust- oder
Hähnchenbrustfilet (maximal etwa
3 cm dick geschnitten). Braten
Sie die Geflügelfilets vor dem
Einschichten in etwa 1 Esslöffel
Olivenöl von beiden Seiten kurz
kräftig an, damit das Fleisch schön
saftig und zart bleibt. Das Fleisch
evtl. mit etwas Pfeffer würzen.

Zubereitungszeit: 20 Minuten
Garzeit: etwa 20 Minuten

4 Portionen • Pro Portion:
E: 35 g, F: 40 g, Kh: 51 g, kJ: 3070, kcal: 700, BE: 4,0

Schupfnudelauflauf mit Kasseler
Einfach zuzubereiten

Zutaten: 1 Bund Frühlingszwiebeln • 40 g getrocknete Tomaten, in Öl eingelegt • 2 EL Butter (20 g) • 225 g abgetropfte Mischpilze (aus der Dose) • Salz • frisch gemahlener Pfeffer • 2 EL gemischte TK-Kräuter • 4 Scheiben Kasseler-Lachsfleisch (etwa 300 g) • 200 g Schmand • 1 Ei (Größe M) • 500 g Schupfnudeln (aus dem Kühlregal) • 150 g geriebener Emmentaler-Käse

1. Frühlingszwiebeln putzen, abspülen, abtropfen lassen und in feine Ringe schneiden. Tomaten abtropfen lassen und in Streifen schneiden.

2. Butter in einer Pfanne zerlassen. Die Pilze darin unter Wenden anbraten. Frühlingszwiebelringe hinzugeben, kurz mitbraten, mit Salz und Pfeffer würzen. Tomatenstreifen und Kräuter untermischen. Die Pilz-Zwiebel-Mischung in eine Schüssel geben und etwas abkühlen lassen.

3. In der Zwischenzeit den Backofen vorheizen.
Ober-/Unterhitze: etwa 200 °C
Heißluft: etwa 180 °C

Tipps: Statt der Mischpilze können Sie sehr gut Champignons verwenden.

Eine weitere Rezeptabwandlung erhalten Sie, wenn Sie die Pilze durch eine Gemüse-Mais-Mischung aus der Dose ersetzen. Das Gemüse muss nicht angebraten werden.

Noch schneller geht es, wenn Sie die Kasselerscheiben nicht in Streifen schneiden, sondern ganz einschichten.

4. Kasselerscheiben mit Küchenpapier trocken tupfen und in Streifen schneiden. Schmand mit Ei verschlagen und unter die Pilz-Zwiebel-Mischung rühren.

5. Schupfnudeln, Pilz-Zwiebel-Mischung und Kasselerstreifen in eine große, flache Auflaufform (gefettet) schichten. Käse daraufstreuen.

6. Die Form auf dem Rost auf mittlerer Einschubleiste in den vorgeheizten Ofen schieben. Den Schupfnudelauflauf **etwa 20 Minuten garen.**

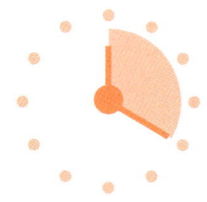

Zubereitungszeit: 20 Minuten
Garzeit: etwa 20 Minuten

4 Portionen • Pro Portion:
E: 53 g, F: 38 g, Kh: 35 g, kJ: 2899, kcal: 694, BE: 2,5

Hähnchen-Frühlingszwiebel-Auflauf
Bunt gemischt

Zutaten: 4 Hähnchenbrustfilets (etwa 600 g) • 1 Bund Frühlingszwiebeln • 150 g Shiitake-Pilze oder Champignons (oder 200 g
abgetropfte Pilze, aus der Dose) • 2 EL Sonnenblumenöl • Salz •
frisch gemahlener Pfeffer • 250 ml (¼ l) Béchamelsauce (Tetrapak) •
50 ml Milch • Currypulver • 175 g geriebener Käse, z. B. Cheddar •
150 g TK-Erbsen • 250 g vorgegarter Basmati-Reis (vakuumverpackt,
aus dem Nährmittelregal)

1. Den Backofen vorheizen.
Ober-/Unterhitze: etwa 220 °C
Heißluft: etwa 200 °C

2. Hähnchenbrustfilets unter fließendem kalten Wasser abspülen und
trocken tupfen. Frühlingszwiebeln putzen, abspülen, abtropfen lassen
und in Stücke schneiden. Pilze putzen, evtl. mit Küchenpapier abreiben.
Große Pilze halbieren.

3. Sonnenblumenöl in einer Pfanne erhitzen. Die Hähnchenfilets darin
rundherum anbraten, mit Salz und Pfeffer würzen. Die Filets nebeneinander in eine große, flache Auflaufform (gefettet) legen.

4. Pilze in der Pfanne im verbliebenen Bratfett unter Rühren etwa
2 Minuten anbraten. Frühlingszwiebelstücke hinzufügen, etwa 1 Minute
mit anbraten, mit Salz und Pfeffer würzen.

5. Für die Sauce Béchamelsauce mit Milch verrühren, mit Curry würzen
und 50 g vom Käse unterrühren.

6. Pilz-Zwiebel-Mischung, Erbsen und Reis um die Filets herum verteilen.
Die Sauce darauf verteilen und den restlichen Käse daraufstreuen.

7. Die Form auf dem Rost auf mittlerer Einschubleiste in den vorgeheizten
Backofen schieben. Den Auflauf **etwa 20 Minuten garen.**

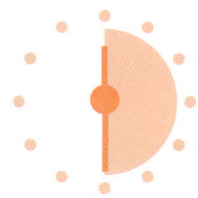

Zubereitungszeit: 30 Minuten
Garzeit: etwa 30 Minuten

4–6 Portionen • Pro Portion:
E: 25 g, F: 34 g, Kh: 40 g, kJ: 2365, kcal: 565, BE: 3,0

Maultaschen-Sauerkraut-Auflauf
Raffiniert – rustikal

Zutaten: 1 Zwiebel • 1 rote Paprikaschote (etwa 150 g) • 2 EL Sonnenblumenöl • 1 Dose Weinsauerkraut (Abtropfgewicht 810 g) •
1 EL gehackte Rosmarinnadeln • Salz • frisch gemahlener Pfeffer •
600 g Schwäbische Maultaschen (mit Fleischfüllung, aus dem Kühlregal) •
Für den Guss: 300 g saure Sahne • 200 g geriebener Gouda-Käse •
1 TL Paprikapulver edelsüß

1. Zwiebel abziehen und in kleine Würfel schneiden. Paprikaschote halbieren, entstielen, entkernen und die weißen Scheidewände entfernen.
Schotenhälften abspülen, trocken tupfen und in Streifen schneiden.

2. Öl in einem Topf erhitzen. Zwiebelwürfel und Paprikastreifen darin andünsten. Sauerkraut mit der Flüssigkeit und dem Rosmarin hinzugeben,
etwa 5 Minuten mitdünsten.

3. Den Backofen vorheizen.
Ober-/Unterhitze: etwa 180 °C
Heißluft: etwa 160 °C

4. Sauerkraut mit Salz und Pfeffer würzen. Maultaschen aus der Packung nehmen, auf das Sauerkraut legen und zugedeckt 1–2 Minuten
garen. Den Deckel abnehmen. Sauerkraut so lange weiterdünsten
lassen, bis fast keine Flüssigkeit mehr vorhanden ist. Die Sauerkraut-
Maultaschen-Masse in eine große, flache Auflaufform (gefettet) geben.

5. Für den Guss saure Sahne und Käse mit einem Schneebesen verrühren, mit Paprika, Salz und Pfeffer würzen. Den Guss gleichmäßig auf der
Sauerkraut-Maultaschen-Masse verteilen.

6. Die Form auf dem Rost auf mittlerer Einschubleiste in den vorgeheizten Backofen schieben. Den Auflauf **etwa 30 Minuten garen.**

Zubereitungszeit: 30 Minuten
Garzeit: 25–30 Minuten

4 Portionen • Pro Portion:
E: 27 g, F: 30 g, Kh: 27 g, kJ: 2044, kcal: 488, BE: 2,0

Steckrübenauflauf mit geräucherter Putenbrust
Einfach und fein

Zutaten: 600 g Steckrübe • 600 g festkochende Kartoffeln • 2 EL Butter (20 g) • Salz • frisch gemahlener Pfeffer • 1 TL gerebelter Majoran • 200 g Schlagsahne • 100 ml heiße Gemüsebrühe • 150 g Porree (Lauch) • 250 g geräucherter Putenbrustaufschnitt • 70 g Frühstücksspeck (Bacon) • 50 g geriebener Parmesan-Käse

1. Steckrübe und Kartoffeln schälen, abspülen, abtropfen lassen und in etwa ½ cm dicke Scheiben schneiden. Butter in einem weiten Topf zerlassen. Die Steckrübenscheiben in Stifte schneiden und darin andünsten. Kartoffelscheiben zu den Steckrübenstiften geben, untermischen und alles weitere etwa 2 Minuten dünsten. Das Ganze mit Salz, Pfeffer und Majoran würzen.

2. Sahne mit Brühe verrühren, zu dem Gemüse gießen und unterrühren. Das Ganze aufkochen und bei schwacher Hitze etwa 12 Minuten zugedeckt köcheln lassen, dabei gelegentlich umrühren.

3. In der Zwischenzeit Porree putzen. Die Stange längs einschneiden, gründlich waschen, abtropfen lassen und in dünne Stücke schneiden. Zwei Minuten vor dem Ende der Garzeit die Porreestücke zu dem Steckrüben-Kartoffel-Gemüse geben und unterrühren.

4. Gleichzeitig den Backofen vorheizen.
Ober-/Unterhitze: etwa 200 °C
Heißluft: etwa 180 °C

5. Putenbrust in etwa 1 cm dicke Streifen schneiden. Gemüse-Kartoffel-Mischung abwechselnd mit den Putenbruststreifen in eine große, flache Auflaufform (gefettet) schichten. Frühstücksspeck in feine Streifen schneiden und mit dem Parmesan darauf verteilen.

6. Die Form auf dem Rost auf mittlerer Einschubleiste in den vorgeheizten Backofen schieben. Den Auflauf **25–30 Minuten garen**.

Tipps: Möchten Sie den Auflauf lieber vegetarisch, verzichten Sie auf Putenbrust und Frühstücksspeck. Schön würzig wird der Auflauf trotzdem, wenn Sie abgetropfte, gewürfelte Tomaten (in Öl eingelegt) oder Röstzwiebeln (Fertigprodukt) hinzugeben.

Außerhalb der Saison für Steckrüben (etwa Oktober bis Januar) können Sie den Auflauf auf die gleiche Weise mit Knollensellerie, Kohlrabi oder Kürbis zubereiten.

Statt Frühstücksspeck können auch fertige Schinkenwürfel oder Schinkenspeckwürfel verwendet werden.

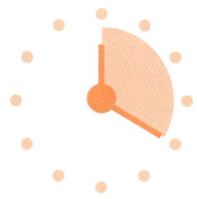

Zubereitungszeit: 20 Minuten
Garzeit: etwa 20 Minuten

4 Portionen • Pro Portion:
E: 40 g, F: 40 g, Kh: 30 g, kJ: 2696, kcal: 643, BE: 2,0

Orientalischer Hackauflauf
Pikant-würzig

Zutaten: 150 g Zuckerschoten • 1 Bund Frühlingszwiebeln •
400 g Gehacktes (z. B. Rinder- oder Lammhackfleisch) • 3 EL TK-Zwiebel-Knoblauch-Mischung • 1 Ei (Größe M) • Salz • frisch gemahlener
Pfeffer • 1 Msp. gemahlener Cumin (Kreuzkümmel) • 1 Msp. Currypulver • 1 EL Olivenöl • 400 g Tomatenstücke (aus dem Tetrapak) •
50 g getrocknete Pflaumen, ohne Stein • 200 g Schafkäse, z. B. Fetakäse • 240 g abgespülte, abgetropfte Kichererbsen (aus der Dose) •
50 g gehackte Erdnusskerne (ungeröstet, ungesalzen)

1. Von den Zuckerschoten die Enden abschneiden, evtl. abfädeln.
Schoten abspülen, abtropfen lassen und halbieren. Frühlingszwiebeln
putzen, abspülen, abtropfen lassen und in kleine Stücke schneiden.

2. Gehacktes mit TK-Zwiebel-Knoblauch-Mischung und Ei vermengen,
mit Salz, Pfeffer, Cumin und Curry würzen. Aus der Masse mit ange-
feuchteten Händen 6–8 kleine, flache Hacksteaks formen.

3. Den Backofen vorheizen.
Ober-/Unterhitze: etwa 200 °C
Heißluft: etwa 180 °C

4. Öl in einer Pfanne erhitzen. Zuckerschoten darin unter Wenden kurz
anbraten, dann herausnehmen. Hacksteaks in der Pfanne von beiden
Seiten gut anbraten. Zwiebelstücke hinzugeben, kurz mitbraten. Hacksteaks aus der Pfanne nehmen. Tomatenstücke in die Pfanne geben,
unter die Zwiebeln rühren, mit Salz und Pfeffer würzen, kurz aufkochen.

5. Pflaumen in Streifen schneiden. Käse fein zerbröseln. Hacksteaks,
Zuckerschoten, Kichererbsen und Pflaumenstreifen in eine große, flache
Auflaufform (gefettet) schichten. Die Zwiebel-Tomaten-Sauce darauf ver-
teilen. Käsebrösel und Erdnusskerne daraufstreuen.

Tipp: Statt mit Erdnüssen kann
der Auflauf auch mit Sesamsamen
bestreut werden.

6. Die Form auf dem Rost auf mittlerer Einschubleiste in den vorgeheizten Backofen schieben. Den Auflauf **etwa 20 Minuten garen.**

Zubereitungszeit: 20 Minuten
Garzeit: 15–20 Minuten

4 Portionen • Pro Portion:
E: 31 g, F: 33 g, Kh: 17 g, kJ: 2081, kcal: 506, BE: 1,5

Burgunderschinken-Porree-Auflauf
Leicht beschwipst, wenn Sie möchten

Zutaten: 400 g Porree (Lauch) • 1 EL Butter (10 g) • Salz • frisch gemahlener Pfeffer • 6 EL trockener Weißwein oder Gemüsebrühe • 250 g Burgunderschinken-Aufschnitt (6–8 große Scheiben) • 225 g abgetropfte Pfifferlinge (aus der Dose) • 125 g Kräuter-Crème-fraîche • 6–8 Scheiben Weizenbaguette (etwa 100 g) • 2 EL Butter (20 g) • 3–4 EL Pesto Rosso (aus dem Glas) • 125 g Raclette-Käse in Scheiben

1. Den Backofen vorheizen.
Ober-/Unterhitze: etwa 200 °C
Heißluft: etwa 180 °C

2. Porree putzen. Die Stangen längs einschneiden, gründlich waschen, abtropfen lassen und in feine Scheiben schneiden. Butter in einer Pfanne zerlassen. Porreescheiben unter Rühren darin andünsten, mit Salz und Pfeffer würzen. Wein oder Gemüsebrühe hinzugeben, unterrühren und die Flüssigkeit verdampfen lassen.

3. Die Schinkenscheiben auf der Arbeitsfläche nebeneinander legen. Pfifferlinge mit Crème fraîche vermischen, mit Salz und Pfeffer würzen. Die Pilzmischung gleichmäßig längs in der Mitte der Schinkenscheiben verteilen. Die Schinkenscheiben aufrollen und in eine große, flache Auflaufform (gefettet) legen. Gedünsteten Porree darauf verteilen.

4. Auflaufform auf dem Rost auf mittlerer Einschubleiste in den vorgeheizten Backofen schieben. Den Auflauf **8–10 Minuten garen.**

Tipp: Pesto Rosso erhalten Sie in der Spezialitätenabteilung von gut sortierten Supermärkten. Sie können stattdessen aber auch ein klassisches Pesto alla Genovese oder Tomatenmark mit etwas Olivenöl verrührt auf die Baguettescheiben streichen.

5. In der Zwischenzeit Butter in einer Pfanne zerlassen. Baguettescheiben darin von beiden Seiten knusprig anrösten, dann auf einen Teller legen, mit Pesto bestreichen und Käse darauf verteilen.

6. Die Auflaufform auf einen Kuchenrost stellen. Die Baguettescheiben mit dem Belag nach oben auf den Auflauf geben. Die Form wieder in den Backofen schieben. Den Auflauf bei gleicher Backofeneinstellung **weitere 7–10 Minuten goldbraun überbacken.**

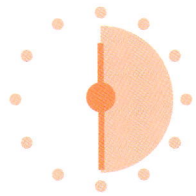

Zubereitungszeit: 30 Minuten
Garzeit: etwa 35 Minuten

4 Portionen • Pro Portion:
E: 30 g, F: 39 g, Kh: 18 g, kJ: 2290, kcal: 548, BE: 1,5

Wirsing-Möhren-Auflauf mit Speck
Gut vorzubereiten

Zutaten: 800 g Wirsing • 400 g Möhren • 2 rote Paprikaschoten
(je etwa 200 g) • 150 g durchwachsener Speck • Salz • frisch gemahlener Pfeffer • frisch geriebene Muskatnuss • 4 Eigelb (Größe M) •
4 Eier (Größe M) • 250 ml (¼ l) Milch • 200 g Schlagsahne • 4 Eiweiß
(Größe M)

1. Von dem Wirsing die groben äußeren Blätter entfernen. Den Wirsing
vierteln, abspülen, abtropfen lassen und den Strunk herausschneiden.
Kohlviertel in feine Streifen schneiden.

2. Möhren putzen, schälen, abspülen, abtropfen lassen und in Stifte
schneiden. Paprikaschoten halbieren, entstielen, entkernen und die
weißen Scheidewände entfernen. Schotenhälften abspülen, abtropfen
lassen und in Streifen schneiden.

3. Den Backofen vorheizen.
Ober-/Unterhitze: etwa 200 °C
Heißluft: etwa 180 °C

4. Speck in feine Streifen schneiden. Eine Pfanne ohne Fett erwärmen
und die Speckstreifen darin knusprig ausbraten.

5. Wirsingstreifen, Möhrenstifte, Paprika- und Speckstreifen mischen,
mit Salz, Pfeffer und Muskat würzen. Die Masse in eine große, flache
Auflaufform (gefettet) schichten.

6. Eigelb, Eier, Milch und Sahne verschlagen. Eiweiß steif schlagen
und unterheben. Den Auflauf mit der Eier-Sahne-Masse übergießen.
Die Form auf dem Rost auf mittlerer Einschubleiste in den vorgeheizten
Backofen schieben. Den Auflauf **etwa 35 Minuten garen.**

Tipps: Diesen Auflauf können Sie
auch gut mit anderen Kohlsorten
zubereiten, z. B. mit Spitzkohl,
Weißkohl oder Chinakohl. Nach
Belieben können Sie die Speckstreifen in einer großen Pfanne
ausbraten und dann die Kohlstrei-
fen darin kurz anbraten.

Für gute Esser fügen Sie zusätzlich noch 250 g gewürfelte
Fleischwurst hinzu.

Sie können den Auflauf mit gehackter Petersilie verfeinern.

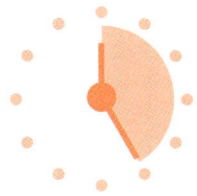

Zubereitungszeit: 25 Minuten
Garzeit: etwa 25 Minuten

4 Portionen • Pro Portion:
E: 47 g, F: 43 g, Kh: 22 g, kJ: 2766, kcal: 661, BE: 1,5

Bohnenauflauf mit Gorgonzola
Würziger Gaumenschmaus

Zutaten: 2 Knoblauchzehen • 2 rote Zwiebeln • 1 EL Olivenöl •
500 g Gehacktes (halb Rind- und halb Schweinefleisch) • 2 EL
Tomatenmark mit Würzgemüse • Salz • frisch gemahlener Pfeffer •
½ TL Paprikapulver rosenscharf • ½ TL gerebelter Thymian •
500 g passierte Tomaten (Tetrapak) • 100 g Gorgonzola-Käse •
150 ml Milch • 265 g abgespülte, abgetropfte Kidneybohnen (aus der
Dose) • 440 g abgetropfte, grüne Bohnen (aus der Dose) •
100 g geriebener Gouda-Käse

1. Knoblauch und Zwiebeln abziehen, fein würfeln. Olivenöl in einer
Pfanne erhitzen. Knoblauch- und Zwiebelwürfel darin andünsten.
Gehacktes hinzugeben und unter Rühren darin anbraten, dabei die
Fleischklümpchen mit einer Gabel zerdrücken.

2. Tomatenmark dazugeben, unterrühren und kurz mitbraten. Gehacktes
mit Salz, Pfeffer, Paprikapulver und Thymian würzen. Die passierten
Tomaten hinzugießen, unterrühren und kurz aufkochen. Hack-Tomaten-
Mischung etwa 4 Minuten köcheln lassen, dabei gelegentlich umrühren.

3. In der Zwischenzeit den Backofen vorheizen.
Ober-/Unterhitze: etwa 180 °C
Heißluft: etwa 160 °C

4. Gorgonzola grob würfeln. Die Käsewürfel mit der Milch in einem Topf
unter Rühren erhitzen, bis der Käse geschmolzen ist. Gorgonzola-Sauce
mit etwas Pfeffer abschmecken.

5. Kidneybohnen mit der Hack-Tomaten-Sauce vermischen und mit den
grünen Bohnen in eine große, flache Auflaufform (gefettet) geben. Die
Gorgonzola-Sauce gleichmäßig darauf verteilen. Käse daraufstreuen.

6. Die Form auf dem Rost im unteren Drittel in den vorgeheizten Backofen schieben. Den Auflauf **etwa 25 Minuten garen.**

Tipps: Servieren Sie dazu knuspriges Baguette.

Zum Servieren den Auflauf nach
Belieben mit frischen Thymian-
blättchen bestreuen.

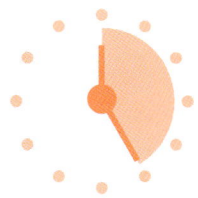

Zubereitungszeit: 25 Minuten
Garzeit: 25–30 Minuten

4 Portionen • Pro Portion:
E: 27 g, F: 40 g, Kh: 19 g, kJ: 2272, kcal: 543, BE: 1,0

Kürbis-Chorizo-Auflauf
Mit spanischem Touch

Zutaten: 750 g Hokkaido-Kürbis • 1 Bund Frühlingszwiebeln •
2 Knoblauchzehen • 40 g getrocknete Tomaten, in Öl eingelegt •
80 g Chorizo (spanische Knoblauch-Paprika-Wurst) • Salz • frisch
gemahlener Pfeffer • je 1 Prise gemahlener Cumin (Kreuzkümmel),
Kardamom und Zimt • 175 g Frischkäse mit Joghurt (13 % Fett) •
250 ml (¼ l) Milch • 3 Eier (Größe M) • 1 TL gerebelter Rosmarin •
100 g junger Manchego-Käse

1. Kürbis abspülen, abtrocknen und halbieren. Kerne und faserigen
Innenteil entfernen. Kürbis in feine, etwa 1 cm breite Spalten schneiden,
evtl. schälen. Frühlingszwiebeln putzen, abspülen, abtropfen lassen und
in etwa 2 cm breite Stücke schneiden. Knoblauch abziehen, fein würfeln.

2. Tomaten in einem Sieb abtropfen lassen, dabei 3 Esslöffel von dem Öl
auffangen. Die Tomaten in Streifen schneiden. Evtl. die Haut (Pelle) von
der Chorizo-Wurst entfernen. Die Wurst in dünne Scheiben schneiden.

3. Den Backofen vorheizen.
Ober-/Unterhitze: etwa 200 °C
Heißluft: etwa 180 °C

Tipps: Servieren Sie zum
Auflauf knuspriges Fladenbrot.
Oder geben Sie zusätzlich 240 g
abgetropfte Kichererbsen (aus
der Dose) unter Punkt 5 mit in die
Auflaufform.

Statt der Gewürze Cumin (Kreuzkümmel), Kardamom und Zimt
können Sie den Auflauf auch mit
einer fertigen Tex-Mex-Gewürz-
mischung würzen.

4. Das aufgefangene Tomatenöl in einer Pfanne erhitzen. Die Kürbisspalten darin etwa 5 Minuten unter Wenden anbraten. Die Frühlingszwiebelstücke und Knoblauchwürfel hinzugeben, kurz mitbraten. Alles
mit Salz, Pfeffer, Cumin, Kardamom und Zimt würzen.

5. Die Kürbis-Frühlingszwiebel-Mischung mit Tomatenstreifen und
Chorizo-Scheiben in eine große, flache Auflaufform (gefettet) geben
und vermischen. Frischkäse mit Milch und Eiern verschlagen, mit Salz,
Pfeffer und Rosmarin würzen, gleichmäßig auf dem Auflauf verteilen.
Den Käse grob raspeln und daraufstreuen.

6. Die Form auf dem Rost auf mittlerer Einschubleiste in den vorgeheizten Backofen schieben. Den Auflauf **25–30 Minuten garen.**

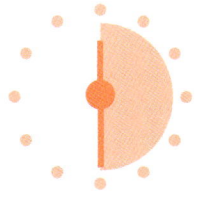

Zubereitungszeit: 30 Minuten
Garzeit: etwa 12 Minuten

4 Portionen • Pro Portion:
E: 46 g, F: 31 g, Kh: 38 g, kJ: 2564, kcal: 613, BE: 3,0

Porree-Linsen-Auflauf mit Lamm
Etwas teurer

Zutaten: 50 g getrocknete Tomaten • 2 Stangen Porree (Lauch, etwa 500 g) • 1 Zwiebel • 1 Knoblauchzehe • 1 EL Butter (10 g) • 200 g rote Linsen • 350 ml Gemüsebrühe • 100 g Schlagsahne • Salz • frisch gemahlener Pfeffer • 500 g Lammrückenfilet • 1 EL Butterschmalz (10 g) • 1 Bio-Zitrone (unbehandelt, ungewachst) • 50 g geriebener Parmesan-Käse • 2 EL Semmelbrösel

1. Tomaten in Streifen schneiden. Porree putzen. Die Stangen längs halbieren, gründlich waschen, abtropfen lassen und in kleine Stücke schneiden. Zwiebel und Knoblauch abziehen, in kleine Würfel schneiden.

2. Den Backofen vorheizen.
Ober-/Unterhitze: etwa 200 °C
Heißluft: etwa 180 °C

3. Butter in einem Topf zerlassen. Zwiebel-, Knoblauchwürfel und Porreestreifen unter Rühren darin andünsten. Linsen abspülen, abtropfen lassen und kurz mit andünsten. Brühe und Sahne hinzugießen. Tomatenstreifen unterrühren. Das Ganze mit Salz und Pfeffer würzen, zum Kochen bringen und bei schwacher Hitze etwa 10 Minuten garen.

4. In der Zwischenzeit Lammrücken mit Küchenpapier trocken tupfen, evtl. halbieren. Butterschmalz in einer Pfanne erhitzen. Lammrücken darin von allen Seiten kräftig anbraten, mit Salz und Pfeffer würzen.

5. Die Linsen-Porree-Mischung in einer großen, flachen Auflaufform (gefettet) verteilen. Lammrücken daraufsetzen.

6. Die Zitrone heiß abwaschen, abtrocknen und die Schale abreiben oder in Zesten abreißen. Zitronenschale oder -zesten mit Parmesan-Käse und Semmelbröseln mischen. Die Bröselmischung auf dem Lammrücken verteilen. Die Form auf dem Rost in den vorgeheizten Backofen schieben. Den Auflauf **etwa 12 Minuten garen.**

Tipp: Statt mit Lammrückenfilet können Sie diesen Auflauf auf die gleiche Weise mit Hähnchenbrustfilets (maximal etwa 3 cm dick geschnitten) zubereiten.

Zubereitungszeit: 20 Minuten
Garzeit: etwa 20 Minuten

4 Portionen • Pro Portion:
E: 23 g, F: 33 g, Kh: 48 g, kJ: 2438, kcal: 585, BE: 4,0

Tortellini-Auflauf mit Pesto
Familienküche

Zutaten: etwa 2 l Wasser • 2 Tomaten (etwa 100 g) • 3 Scheiben Frühstücksspeck (Bacon, etwa 30 g) • 1 EL Olivenöl • 2 TL Salz • 500 g frische Tortellini (aus dem Kühlregal, je nach Belieben mit Käse-, Spinat- oder Fleischfüllung) • 200 g TK-Erbsen • 100 ml Milch • 200 g Sahne zum Kochen (15 % Fett) • 4 EL rotes Pesto (aus dem Glas) • Salz • frisch gemahlener Pfeffer • 50 g geriebener Parmesan-Käse

1. Das Wasser in einem großen Topf zugedeckt zum Kochen bringen. In der Zwischenzeit Tomaten abspülen, abtrocknen, halbieren und die Stängelansätze herausschneiden. Tomaten entkernen und würfeln.

2. Frühstücksspeck in grobe Stücke schneiden. Eine Pfanne ohne Fett erwärmen und die Speckstücke darin knusprig braten. Dann die Speck-stücke herausnehmen. Olivenöl in der Pfanne erhitzen. Tomatenwürfel hinzugeben und kurz dünsten.

3. Den Backofen vorheizen.
Ober-/Unterhitze: etwa 200 °C
Heißluft: etwa 180 °C

4. Salz und Tortellini in das kochende Wasser geben. Tortellini nach Packungsanleitung garen. Die TK-Erbsen in der letzten Minute mit in den Topf geben und miterhitzen. Dann Tortellini und Erbsen in ein Sieb abgießen und abtropfen lassen.

5. Tortellini und Erbsen mit angedünsteten Tomaten und etwa der Hälfte der Speckstücke in einer großen, flachen Auflaufform (gefettet) verteilen.

6. Milch mit Sahne und 2 Esslöffeln Pesto verrühren, mit Salz und Pfef-fer würzen. Pestosahne auf die Tortellini-Mischung gießen. Restliches Pesto, Parmesan und restliche Speckstücke darauf verteilen.

Tipp: Das rote Pesto kann durch grünes Pesto ersetzt werden.

7. Die Form auf dem Rost im unteren Drittel in den vorgeheizten Back-ofen schieben. Den Auflauf **etwa 20 Minuten garen**.

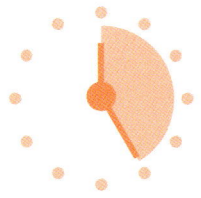

Zubereitungszeit: 25 Minuten, ohne Auftauzeit
Garzeit: etwa 20 Minuten

4 Portionen • Pro Portion:
E: 56 g, F: 32 g, Kh: 11 g, kJ: 2362, kcal: 564, BE: 0,5

Spinat-Hähnchen-Auflauf
Schmeckt Groß und Klein

Zutaten: 1 kg TK-Blattspinat • 2 Tomaten • 3 Knoblauchzehen •
600 g Hähnchenbrustfilet • 2 EL Olivenöl • 2 EL Pinienkerne • Salz •
frisch gemahlener Pfeffer • frisch geriebene Muskatnuss • 400 ml Milch •
25 g Butter • 15 g Weizenmehl • 75 g geriebener Parmesan-Käse •
1 Spritzer Zitronensaft • 25 g geriebener Gouda-Käse • 1 EL Pinienkerne

1. Den Blattspinat nach Packungsanleitung auftauen und gut in einem
Sieb abtropfen lassen (evtl. zusätzlich noch etwas ausdrücken). Tomaten
abspülen, abtrocknen, vierteln. Die Stängelansätze herausschneiden.
Tomaten entkernen und würfeln. Knoblauch abziehen, fein würfeln.

2. Den Backofen vorheizen.
Ober-/Unterhitze: etwa 200 °C
Heißluft: etwa 180 °C

3. Hähnchenbrustfilet unter fließendem kalten Wasser abspülen, trocken
tupfen und in Streifen schneiden. Olivenöl in einer Pfanne erhitzen. Die
Hähnchenstreifen darin kurz anbraten. Knoblauch und Pinienkerne
dazugeben und mitbraten.

4. Danach Spinat und Tomatenwürfel untermischen, mit Salz, Pfeffer
und Muskatnuss würzen. Die Hähnchen-Spinat-Mischung in eine große,
flache Auflaufform (gefettet) geben.

5. Milch in einem Topf unter Rühren aufkochen. Butter mit Mehl verkneten und unter Rühren in die heiße Milch geben. Die Milch nochmals
aufkochen. Etwa zwei Drittel des Parmesan-Käses unterrühren.

6. Die Käsesauce mit Salz, Pfeffer und etwas Zitronensaft abschmecken, über die Hähnchen-Mischung gießen. Den restlichen Parmesan-
Käse mit Gouda-Käse und Pinienkernen daraufstreuen.

Tipp: Servieren Sie, wenn Sie
möchten, zusätzlich frisches Rog-
gen- oder Vollkornbaguette dazu.

7. Die Form auf dem Rost auf mittlerer Einschubleiste in den vorgeheizten Backofen schieben. Den Auflauf **etwa 20 Minuten garen.**

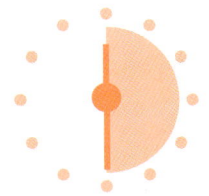

Kürbis-Kokosmilch-Auflauf mit Hähnchen
Ein Hauch Exotik

Zutaten: 600 g Speisekürbis, z. B. Hokkaido-Kürbis • 1 EL Rapsöl • 25 g TK-Zwiebel-Knoblauch-Mischung • Salz • frisch gemahlener Pfeffer • ¼ TL Cayennepfeffer • 400 ml Kokosmilch (aus der Dose) • 200 g Tomaten • 230 g abgetropfte Champignons (aus der Dose) • 600 g Hähnchenbrustfilet • 2 EL Rapsöl • 1 Bund Frühlingszwiebeln • 1 TL gemahlener Ingwer • 1 ½ EL Semmelbrösel • 2 EL weiche Butter (20 g) • 35 g gehackte Erdnusskerne (geröstet, gesalzen)

1. Kürbis vierteln. Kerne und faserigen Innenteil entfernen. Kürbis in etwa 1 cm dicke Spalten schneiden, evtl. schälen. Öl in einer Pfanne erhitzen. Kürbisspalten und TK-Zwiebel-Knoblauch-Mischung darin andünsten, mit Salz, Pfeffer und Cayennepfeffer würzen. Kokosmilch unterrühren. Die Zutaten ohne Deckel etwa 5 Minuten garen, dabei gelegentlich umrühren.

2. Den Backofen vorheizen.
Ober-/Unterhitze: etwa 220 °C
Heißluft: etwa 200 °C

3. Tomaten abspülen, abtrocknen und halbieren. Die Stängelansätze herausschneiden. Tomaten würfeln. Kürbisspalten mit einem Schaumlöffel aus der Pfanne nehmen, mit Champignons und Tomatenwürfeln in eine große, flache Auflaufform (gefettet) geben. Kokosfond kräftig einkochen lassen, dabei gelegentlich umrühren.

4. In der Zwischenzeit die Hähnchenbrustfilets unter fließendem kalten Wasser abspülen und mit Küchenpapier trocken tupfen. Rapsöl in einer Pfanne erhitzen. Filets darin rundherum goldbraun anbraten.

5. Frühlingszwiebeln putzen, abspülen, abtropfen lassen und in etwa 1 cm breite Stücke schneiden. Frühlingszwiebelstücke in die Pfanne geben und etwa ½ Minute mitbraten, mit Salz und Pfeffer würzen. Hähnchen-Frühlingszwiebel-Mischung gleichmäßig auf der Gemüsemischung verteilen.

(Fortsetzung S. 65)

6. Den eingekochten Kokosfond daraufträufeln. Ingwer, Semmelbrösel, Butter und etwas Cayennepfeffer vermischen, auf den Filets verstreichen. Erdnüsse daraufstreuen.

7. Die Form auf dem Rost auf mittlerer Einschubleiste in den vorgeheizten Backofen schieben. Den Auflauf **etwa 25 Minuten garen.** Der Auflauf ist fertig, wenn die Kruste auf den Filets knusprig braun ist.

. . . .

Zubereitungszeit: 20 Minuten, ohne Auftauzeit
Garzeit: 45–50 Minuten

4 Portionen • Pro Portion:
E: 26 g, F: 28 g, Kh: 30 g, kJ: 2020, kcal: 483, BE: 2,5

Kichererbsen-Spinat-Gratin
Scharf gewürzt

Zutaten: 450 g TK-Blattspinat • 1 Zwiebel • 1 Knoblauchzehe • 500 g abgespülte, abgetropfte Kichererbsen (aus der Dose) • Salz • frisch gemahlener Pfeffer • 100 ml Milch • 100 g Schlagsahne • 3 EL Tomatenmark • 2 schwach geh. TL Speisestärke • ½–1 TL Harissa (Würzpaste) • 100 g geriebener Emmentaler Käse • 100 g Frühstücksspeck in Scheiben (Bacon)

1. TK-Spinat auftauen, dann in einem Sieb abtropfen lassen und evtl. noch etwas ausdrücken. Zwiebel und Knoblauch abziehen, fein würfeln.

2. Den Backofen vorheizen.
Ober-/Unterhitze: etwa 200 °C
Heißluft: etwa 180 °C

3. Spinat mit Kichererbsen, Zwiebel- und Knoblauchwürfeln in eine große, flache Auflaufform (gefettet) geben und vermischen. Die Mischung mit Salz und Pfeffer würzen.

4. Milch mit Sahne, Tomatenmark, Stärke und Harissa verrühren. Käse unterrühren. Die Milchmischung unter die Spinatmasse rühren.

5. Den Frühstücksspeck auf der Masse verteilen. Die Form auf dem Rost im unteren Drittel in den vorgeheizten Backofen schieben. Das Kichererbsen-Spinat-Gratin **45–50 Minuten garen.**

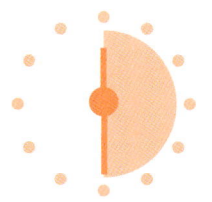

Zubereitungszeit: 30 Minuten
Garzeit: 15–18 Minuten

4 Portionen • Pro Portion:
E: 34 g, F: 28 g, Kh: 54 g, kJ: 2557, kcal: 610, BE: 4,0

Gnocchiauflauf mit Hähnchenbrust
Das mögen auch Kinder

Zutaten: 1 Zwiebel • 1 EL Butter (10 g) • 500 g TK-Brokkoli • Salz • frisch gemahlener Pfeffer • frisch geriebene Muskatnuss • 100 g Schlagsahne • 200 ml Milch • 100 ml Gemüsebrühe • 200 g Cocktailtomaten • 250 g Hähnchenbrustaufschnitt • 400 g Gnocchi (aus dem Kühlregal)
Für die Sauce: etwa 400 ml Brokkoli-Kochflüssigkeit • 2 TL Weizenmehl • 1 EL Butter (10 g) • 75 g Schmelzkäse-Zubereitung, z. B. Champignon, Kräuter oder Tomate • 2 EL Semmelbrösel • 75 g geriebener Käse, z. B. Emmentaler, Greyerzer

1. Zwiebel abziehen und in kleine Würfel schneiden. Butter in einem Topf zerlassen, Zwiebelwürfel darin andünsten. Unaufgetauten Brokkoli hinzugeben, mit Salz, Pfeffer und Muskat würzen. Sahne, Milch und Gemüsebrühe hinzugießen. Den Brokkoli zugedeckt bei schwacher Hitze etwa 8 Minuten garen.

2. In der Zwischenzeit Tomaten abspülen, abtrocknen und halbieren. Hähnchenbrust in feine Streifen schneiden.

3. Den Backofen vorheizen.
Ober-/Unterhitze: etwa 200 °C
Heißluft: etwa 180 °C

4. Gegarten Brokkoli mit einer Schaumkelle herausnehmen, abtropfen lassen, mit Tomatenhälften, Hähnchenbruststreifen und Gnocchi in eine große, flache Auflaufform (gefettet) geben.

5. Für die Sauce die Brokkoli-Kochflüssigkeit (etwa 400 ml) in dem Topf aufkochen lassen. Mehl mit Butter verkneten, in Flöckchen in die Flüssigkeit rühren und etwas köcheln lassen. Käse unter Rühren hinzugeben und in der Sauce schmelzen lassen.

6. Die Sauce auf dem Auflauf verteilen. Semmelbrösel und Käse daraufstreuen. Die Form auf dem Rost auf mittlerer Einschubleiste in den vorgeheizten Backofen schieben. Den Auflauf **15–18 Minuten garen.**

Rezeptvariante: Tortellini-Gemüse-Auflauf. Statt der Gnocchi können Sie auch frische Tortellini (mit Fleisch- oder Käsefüllung), die ebenfalls nicht vorgegart werden müssen, verwenden. Bei fleischhaltigen Tortellini dann das Hähnchenbrustfilet weglassen und dafür etwas mehr Gemüse (z. B. 750 g Brokkoli) verwenden.

Zubereitungszeit: 20 Minuten
Garzeit: etwa 20 Minuten

4 Portionen • Pro Portion:
E: 20 g, F: 31 g, Kh: 23 g, kJ: 1888, kcal: 455, BE: 2,0

Kasselerauflauf mit Wasabi-Kartoffel-Kruste
Unter der Haube

Zutaten: 500 g Porree (Lauch) • 1 säuerlicher Apfel (z. B. Boskop, etwa 200 g) • 2 EL Butter (20 g) • Salz • frisch gemahlener Pfeffer • 150 g Crème fraîche • 1 Pck. Kartoffelpüree-Pulver (für 3 Portionen) • 375 ml (⅜ l) Wasser • 125 ml (⅛ l) Milch • etwa 3 TL Wasabi-Pulver (ersatzweise geriebener Meerrettich aus dem Glas) • 4 Scheiben Kasseler-Lachsfleisch (etwa 350 g) • 2 EL Butter (20 g)

1. Den Backofen vorheizen.
Ober-/Unterhitze: etwa 220 °C
Heißluft: etwa 200 °C

2. Porree putzen. Die Stangen längs einschneiden, gründlich waschen, abtropfen lassen und in etwa 1 cm breite Stücke schneiden. Den Apfel abspülen, abtrocknen, vierteln, entkernen und in Spalten schneiden.

3. Butter in einer Pfanne zerlassen. Die Apfelspalten darin unter Wenden goldbraun anbraten, herausnehmen und beiseitestellen. Die Porreestücke in dem verbliebenen Bratfett etwa 5 Minuten unter Wenden anbraten, mit Salz und Pfeffer würzen. 100 g Crème fraîche unterrühren.

4. Kartoffelpüreepulver nach Packungsanleitung mit Wasser und Milch zubereiten. 50 g Crème fraîche unter das Püree rühren. Kartoffelpüree mit Salz, Pfeffer und Wasabi-Pulver würzen.

5. Kasselerscheiben trocken tupfen, mit dem Porree und den Apfelspalten in eine große, flache Auflaufform (gefettet) schichten. Kartoffelpüree darauf verteilen oder in Nocken daraufsetzen. Butter in Flöckchen darauf verteilen.

6. Die Form auf dem Rost auf mittlerer Einschubleiste in den vorgeheizten Backofen schieben. Den Kasselerauflauf **etwa 20 Minuten garen.**

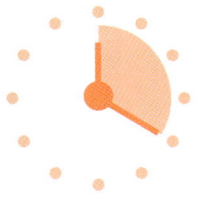

Zubereitungszeit: 20 Minuten
Garzeit: etwa 25 Minuten

4 Portionen • Pro Portion:
E: 12 g, F: 33 g, Kh: 68 g, kJ: 2570, kcal: 609, BE: 6,0

Apfel-Knödel-Auflauf
Fruchtig-süßer Genuss

Zutaten: 500 g säuerliche Äpfel (z. B. Boskop) • 1 EL Butter (etwa 10 g) • 2 EL Zucker • 1 Prise gemahlener Zimt • 3 EL Zitronensaft • 400 g Mini-Kartoffel-Knödel (Frischepack aus dem Nährmittelregal) • 4–5 TL Wild-Preiselbeeren (aus dem Glas) • 2 Eier (Größe M) • Salz • 1 Pck. Dr. Oetker Bourbon-Vanille-Zucker • 150 g Schlagsahne • 25 g Amarettini (ital. Mandelmakronen) • 3 EL gestiftelte Mandeln

1. Äpfel abspülen, abtrocknen, vierteln, entkernen und in Spalten schneiden. Butter in einer Pfanne zerlassen. Zucker und Zimt unterrühren. Apfelspalten hinzugeben und unter Schwenken darin karamellisieren, dann den Zitronensaft hinzugeben.

2. Apfelspalten und Mini-Knödel in eine große, flache Auflaufform (gefettet) schichten. Preiselbeeren klecksweise darauf verteilen.

3. Den Backofen vorheizen.
Ober-/Unterhitze: etwa 220 °C
Heißluft: etwa 200 °C

4. Eier mit Salz und Vanille-Zucker mit Handrührgerät mit Rührbesen schaumig schlagen. Sahne unterrühren. Eiersahne auf der Apfel-Knödel-Schicht verteilen.

5. Amarettini zerbröseln und mit den Mandelstiften vermischen. Den Auflauf damit bestreuen.

6. Die Form auf dem Rost auf mittlerer Einschubleiste in den vorgeheizten Backofen schieben. Den Auflauf **etwa 25 Minuten garen.**

Tipp: Probieren Sie den Auflauf statt mit Mini-Kartoffel-Knödeln mit Gnocchi aus dem Kühlregal.

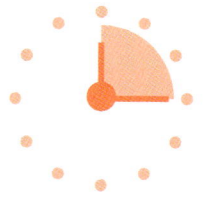

Zubereitungszeit: 15 Minuten
Garzeit: etwa 20 Minuten

4 Portionen • Pro Portion:
E: 22 g, F: 42 g, Kh: 73 g, kJ: 3219, kcal: 769, BE: 6,0

Süßer Brotauflauf
Für Leckermäulchen

Zutaten: 150 g Marzipan-Rohmasse • 2 Eiweiß (Größe M) • 1 Prise Salz • 1 EL Zucker • 1 Pck. Dr. Oetker Vanillin-Zucker • 2 Eigelb (Größe M) • 100 g Schlagsahne • 3 Eier (Größe M) • 1 TL Dr. Oetker Finesse Geriebene Zitronenschale • 6–8 Scheiben Rosinen-Hefebrot (etwa 300 g) • 2 EL gehobelte Mandeln
Für die Sauce: 1 geh. TL Speisestärke • 100 ml Aprikosen-Pfirsich-Mehrfruchtsaft • 300 g TK-Himbeeren • 2–3 EL Zucker

1. Den Backofen vorheizen.
Ober-/Unterhitze: etwa 200 °C
Heißluft: etwa 180 °C

2. Marzipan-Rohmasse auf einer groben Küchenreibe raspeln. Eiweiß mit einer Prise Salz mit Handrührgerät mit Rührbesen steif schlagen. Zucker und Vanillin-Zucker einrieseln lassen. Marzipanraspel, Eigelb und 1 Esslöffel von der Sahne mit Handrührgerät mit Rührbesen glatt verrühren.

3. Eier mit restlicher Sahne und Zitronenschale in einer großen, flachen Schale verschlagen. Die Brotscheiben nacheinander in der Eiermilch wenden. Die Eiersahne soll dabei ganz von den Brotscheiben aufgesaugt werden. Die Scheiben dachziegelartig in eine große, flache Auflaufform (gefettet) legen.

4. Eischnee unter die Marzipancreme ziehen und gleichmäßig auf den Brotscheiben verteilen. Die gehobelten Mandeln daraufstreuen.

5. Die Form auf dem Rost auf mittlerer Einschubleiste in den vorgeheizten Backofen schieben. Den Auflauf **etwa 20 Minuten garen.**

6. Für die Sauce in der Zwischenzeit Speisestärke mit 4 Esslöffeln vom Saft anrühren. Himbeeren, Zucker und restlichen Saft in einem kleinen Topf unter Rühren erhitzen. Angerührte Speisestärke einrühren, unter Rühren kurz aufkochen lassen. Den Auflauf mit der Sauce servieren.

Tipps: Mögen Sie keine Kerne in der Sauce, streichen Sie die Sauce durch ein Sieb.

Statt Aprikosen-Pfirsich-Mehrfruchtsaft kann auch Aprikosennektar oder einfach Apfelsaft verwendet werden.

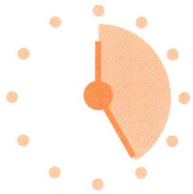

Zubereitungszeit: 25 Minuten
Garzeit: etwa 25 Minuten

4 Portionen • Pro Portion:
E: 20 g, F: 23 g, Kh: 53 g, kJ: 2143, kcal: 512, BE: 4,5

Orangen-Mandel-Auflauf
Reicht als Dessert auch für 8

Zutaten: 900 g Orangen (etwa 4 Stück) • 2 Eier (Größe M) • 375 g Sahnequark • 50 g Zucker • 1 Pck. Dr. Oetker Bourbon-Vanille-Zucker • 1 EL Weichweizengrieß • 100 g Zwieback • 3 EL gehobelte Mandeln

1. Orangen so dick schälen, dass die weiße Haut dabei mit entfernt wird. Orangenfilets mit einem scharfen Messer zwischen den Trennhäuten herausschneiden, dabei den Saft auffangen. Die Trennhäute ausdrücken und ebenfalls den Saft auffangen.

2. Den Backofen vorheizen.
Ober-/Unterhitze: etwa 200 °C
Heißluft: etwa 180 °C

3. Eier mit Quark, aufgefangenem Orangensaft, Zucker und Vanille-Zucker verrühren. Weichweizengrieß gründlich unterrühren.

4. Eine große, flache Auflaufform (mit Butter gefettet) mit etwa der Hälfte des Zwiebacks auslegen. Die Hälfte der Quark-Grieß-Creme und die Hälfte der Orangenfilets darauf verteilen, mit dem restlichen Zwieback belegen. Restliche Creme und Orangenfilets darauf verteilen. Die Mandelblättchen daraufstreuen.

5. Die Form auf dem Rost auf mittlerer Einschubleiste in den vorgeheizten Backofen schieben. Den Auflauf **etwa 25 Minuten garen.**

6. Den Orangen-Mandel-Auflauf auf einem Kuchenrost etwa 5 Minuten ruhen lassen und dann servieren.

Tipps: Nach Belieben den Zwieback im Orangen-Mandel-Auflauf mit 1–2 Esslöffeln Mandelsirup beträufeln.

Zum Ausstreichen der Form brauchen Sie etwa 1 Esslöffel Butter.

Der Auflauf schmeckt auch lecker mit einer 400 g TK-Beerenmischung statt der Orangen und ist dann noch schneller eingeschichtet. Wenn Sie die unaufgetaute Beerenmischung verwenden, 70 g Zucker, 15 g Grieß und 30 ml Zitronensaft unter die Quarkcreme rühren. Die Garzeit beträgt dann etwa 45 Minuten.

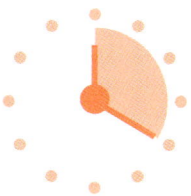

Zubereitungszeit: 20 Minuten
Garzeit: etwa 30 Minuten

4 Portionen • Pro Portion:
E: 29 g, F: 30 g, Kh: 89 g, kJ: 3125, kcal: 743, BE: 7,5

Pfannkuchen-Quark-Auflauf
Süßer Sattmacher

Zutaten: 500 g Apfelkompott (aus dem Glas) • 2 Eiweiß (Größe M) • 1 Prise Salz • 1 EL Zucker • 2 Eigelb (Größe M) • 15 g Zucker • 1 Pck. Dr. Oetker Vanillin-Zucker • 500 g Magerquark • 25 g Weichweizengrieß • 8 fertige Pfannkuchen (oder Palatschinken, aus der Kühltheke, etwa 480 g) • 25 g Butter • 35 g Honig • 60 g gestiftelte Mandeln

1. Den Backofen vorheizen.
Ober-/Unterhitze: etwa 180 °C
Heißluft: etwa 160 °C

2. Apfelkompott in ein Sieb geben und abtropfen lassen, dabei die Flüssigkeit auffangen.

3. Eiweiß mit Salz mit Handrührgerät mit Rührbesen steif schlagen, dabei nach und nach den Zucker einrieseln lassen.

4. Eigelb mit Zucker, Vanillin-Zucker, Quark, Weizengrieß und aufgefangener Apfelflüssigkeit verrühren. Den Eischnee unterziehen. Die Quarkcreme in eine große, flache Auflaufform (gefettet) geben und verteilen.

5. Pfannkuchen auf der Arbeitsfläche auslegen. Das Apfelkompott gleichmäßig darauf verteilen, dabei jeweils einen Rand frei lassen. Die Pfannkuchen mit der Füllung locker aufrollen und nebeneinander auf die Quarkcreme legen, dabei etwas eindrücken.

6. Butter mit Honig in einem kleinen Topf unter Rühren schmelzen, gestiftelte Mandeln unterrühren. Die Mischung gleichmäßig auf den Pfannkuchenrollen und der Quarkcreme verteilen.

7. Die Form auf dem Rost auf mittlerer Einschubleiste in den vorgeheizten Backofen schieben. Den Pfannkuchen-Quark-Auflauf **etwa 30 Minuten garen.**

Tipps: Wenn Sie Speisequark (20 % Fett i. Tr.) verwenden, dann wird der Auflauf noch einen Hauch cremiger.

Butter und Honig lassen sich auch in einem Schälchen in der Mikrowelle rasch schmelzen (350–400 Watt, etwa 1 Minute).

Möchten Sie den Auflauf lieber mit frischen Äpfeln zubereiten? Dann 600 g säuerliche Äpfel (z. B. Boskop) vierteln, schälen, entkernen und würfeln, mit 1–2 Esslöffeln Zucker und etwas Zimt mischen und auf den Pfannkuchen verteilen. Die Pfannkuchen aufrollen und den Auflauf wie beschrieben weiter zubereiten.

Kapitelregister

Alphabetisches Register

Allgemeine Hinweise zu den Rezepten

Die Vorbereitung

Lesen Sie bitte vor der Zubereitung – besser noch vor dem Einkaufen – das Rezept einmal vollständig durch. Oft werden Arbeitsabläufe oder Zusammenhänge dann klarer.

Die Zubereitungszeit

Die Zubereitungszeit dient Ihrer Orientierung. Sie ist ein Richtwert und abhängig von Ihrer Kocherfahrung. Die Zubereitungszeit beinhaltet die Zeit der tatsächlichen Zubereitung. Wartezeiten, wie Auftau- und Durchziehzeiten sind, sofern parallel keine weitere Tätigkeit erfolgt, nicht in der Zubereitungszeit enthalten.

Die Gartemperatur und Garzeit

Die in den Rezepten angegebenen Gartemperaturen und -zeiten sind Richtwerte, die je nach individueller Hitzeleistung des Backofens über- oder unterschritten werden können. Bitte beachten Sie bei der Einstellung des Backofens die Gebrauchsanleitung des Herstellers. Ein Backofenthermometer eignet sich dabei gut, um die Backofentemperatur im Blick zu haben.

Die Nährwerte

Die Nährwerte sind auf die Einzelportionen bezogen. Die Portionszahl ist in jedem Rezept angegeben.

Die Abkürzungen

EL	= Esslöffel	gestr.	= gestrichen
TL	= Teelöffel	TK	= Tiefkühlprodukt
Msp.	= Messerspitze	°C	= Grad Celsius
Pck.	= Packung/Päckchen	Ø	= Durchmesser
g	= Gramm	E	= Eiweiß
kg	= Kilogramm	F	= Fett
ml	= Milliliter	Kh	= Kohlenhydrate
l	= Liter	kJ	= Kilojoule
evtl.	= eventuell	kcal	= Kilokalorien
geh.	= gehäuft	BE	= Broteinheiten

Genehmigte Sonderausgabe für Weltbild GmbH & Co. KG,
Werner-von Siemens-Straße 1, 86159 Augsburg

Copyright
der Originalausgabe   © 2011 by Dr. Oetker Verlag KG, Bielefeld

Redaktion   Andrea Gloß, Carola Hülshoff

Titelfoto   Thomas Diercks, Hamburg

Innenfotos   Thomas Diercks, Hamburg (S. 10, 12, 18, 22, 24, 30–40,
44–48, 52, 54, 58–64, 68–76)
Ulli Hartmann, Halle/Westf. (S. 8, 20, 26, 50)
Antje Plewinski, Berlin (S. 6, 14, 16, 42)
Hans-Joachim Schmidt, Hamburg (S. 4, 28, 56, 66)

Foodstyling   Rocco Dressel, Hamburg

Rezeptentwicklung
und -beratung   Susanne Raht, Hamburg

Nährwertberechnungen   Nutri Service, Hennef

Grafisches Konzept, Satz
und Gestaltung   kontur:design, Bielefeld
Titelgestaltung   kontur:design, Bielefeld

Reproduktionen   Otterbach Medien KG GmbH & Co., Rastatt
Druck und Bindung   aprinta druck, Wemding

Printed in the EU
ISBN 978-3-8289-2767-4

2019 2018 2017
Die letzte Jahreszahl gibt die aktuelle Sonderausgabe an.

www.weltbild.de